Jorge Carlos Nieto Lopez

"En Busca de la Excelencia" y "El Gran Libro de la Excelencia"

"Desata Tu Grandeza y Conquista Tus Sueños"

AUTOR: JORGE CARLOS NIETO LOPEZ

© Copyright by Jorge Carlos Nieto Lopez
ISBN 9798325564932
Todos los derechos reservados

CURRICULUM

Jorge Carlos Nieto Lopez, nace en Morelia, (Michoacán), México, en 1954, Realizó estudios en la Universidad Michoacana de San Nicolás de Hidalgo, obteniendo el Título de Licenciado en Derecho, trabaje durante 35 años para una paraestatal, donde me jubile y posteriormente realice estudios en el CESCIJUC, plantel Morelia, de Especialidad, Maestría, dos doctorados y un Postdoctorado, obteniendo los títulos de doctor y realice estudios de Biomagnetismo Medico.

Posteriormente desarrolló estudios de Diplomados en diferentes instituciones académicas particulares.

Como escritor he escrito veinte libros de los cuales dos son Best Seller, "El Ocaso de la Vida" y "Empoderamiento Personal"

DEDICATORIA

Para ti Buscador incansable de la Excelencia,.

En el vasto horizonte de la vida, cada página de este libro es un faro que ilumina tu camino hacia la grandeza. Desde el primer paso hasta la última reflexión, te invito a sumergirte en un viaje transformador, donde la motivación y la inspiración son tus fieles compañeras.

Que estas palabras te impulsen a desafiar tus límites, a abrazar cada obstáculo con una oportunidad de crecimiento y a descubrir el poder inmenso que reside dentro de ti. Porque la excelencia no es un destino, sino un compromiso diario contigo mismo para alcanzar tu máximo potencial.

Que este libro sea tu guía en el viaje hacia una vida llena de propósito, pasión y realización. Que te inspire a forjar relaciones significativas, a cultivar una mentalidad de crecimiento y a liderar con integridad y empatía.

Que cada página te recuerde que eres capaz de lograr lo extraordinario, y que tu búsqueda de la excelencia deja una huella indeleble en el mundo. Porque juntos, podemos construir un futuro más brillante para las generaciones venideras.

Que este libro sea el comienzo de tu viaje hacia la grandeza. ¡Bienvenido a una aventura que trasciende el tiempo y deja un legado de impacto!

Con gratitud y admiración,

Jorge Carlos Nieto Lopez

INDICE

PRÓLOGO   17

CAPÍTULO 1
El Viaje Hacia la Excelencia: 24

CAPÍTULO 2
La Mentalidad de la Excelencia: 30

CAPÍTULO 3
Excelencia en el Trabajo: Más Allá del Éxito Empresarial: 38

CAPÍTULO 4
Excelencia en las Relaciones Humanas: El Arte de Conectar con Otros: 45

CAPÍTULO 5
La Excelencia Como un Camino de Vida: El Arte de Vivir con Proposito y Pasion: 53

CAPÍTULO 6
Los Pilares de la Excelencia: 59

CAPÍTULO 7
La Excelencia en la Era Digital: Navegando las Aguas del Cambio Tecnológico: 66

CAPÍTULO 8
Excelencia y Liderazgo: Guiando el Camino hacia la Grandeza: 74

CAPÍTULO 9
La Búsqueda de la Excelencia en Tiempos de Adversidad: 81

CAPÍTULO 10
La Excelencia como Legado: 88

EPÍLOGO 95

PRÓLOGO

En el vasto paisaje de la vida, todos buscamos algo que eleve nuestras experiencias, que nos inspire alcanzar nuevas alturas y que nos motive a superar los desafíos que se interponen en nuestro camino. Este libro, "En busca de la Excelencia", y su epílogo "El gran Libro de la Excelencia", son faros que guían en este viaje hacia la grandeza personal y profesional.

Desde los primeros pasos "En el Viaje hacia la Excelencia", exploramos la idea de que la búsqueda de la excelencia no es simplemente un destino, sino un compromiso constante con la mejora continua. Cada capítulo es una ventana a diferentes aspectos de nuestras vidas, desde la forma en que abordamos el trabajo hasta cómo cultivamos relaciones significativas con los demás.

En "La Mentalidad de la Excelencia", descubrimos que nuestro mayor enemigo muchas veces somos nosotros mismos. La clave está en cultivar una mentalidad de crecimiento, donde los obstáculos se convierten en oportunidades y cada desafío nos acerca un paso más a la realización personal y profesional.

"Excelencia en el Trabajo" nos recuerda que nuestras acciones en el lugar de trabajo no solo afectan a la empresa, sino también a nosotros mismos. La ética laboral, el compromiso y la pasión por lo que hacemos son los cimientos sobre los cuales construimos nuestra carrera y nuestro legado.

En un mundo cada vez más conectado, "La Excelencia en las Relaciones Humanas" nos enseña la importancia de cultivar conexiones genuinas con los demás. La empatía, la comunicación efectiva y el respeto mutuo son la base de relaciones sólidas y significativas que enriquecen nuestras vidas.

"La Excelencia como un Camino de Vida" nos invita a comprometernos con la mejora continua en todas las áreas de nuestras vidas. No se trata solo de alcanzar metas, sino de vivir con propósito y pasión, buscando constantemente formas de crecer y evolucionar.

A lo largo de estos libros, hemos explorado "Los Pilares de la Excelencia": la integridad, la perseverancia, la humildad y la empatía. Son estos valores los que guían nuestras acciones y decisiones, y nos permiten alcanzar nuevos niveles de grandeza en nuestras vidas.

En "La Excelencia de la Era Digital", hemos abordado cómo la tecnología está transformando la forma en que buscamos la excelencia. En un mundo donde el cambio es constante, debemos aprender a aprovechar las oportunidades que nos ofrece la tecnología para alcanzar nuevos niveles de excelencia.

En "Excelencia y Liderazgo" hemos explorado las cualidades de un líder excelente y cómo pueden inspirar y motivar a otros alcanzar su máximo potencial. El liderazgo ético, inclusivo y orientado hacia el bien común es fundamental para crear un mundo mejor y más próspero para todos.

Pero incluso en los momentos más oscuros, la excelencia persiste. En "La Búsqueda de la Excelencia en Tiempos de Adversidad", hemos reflexionado sobre Cómo enfrentar los desafíos y las dificultades con resiliencia y determinación puede fortalecer nuestro carácter y conducirnos hacia la excelencia.

Finalmente en "La Excelencia como Legado", hemos concluido nuestro viaje reflexionando sobre cómo podemos dejar una huella perdurable en el mundo a través de nuestras acciones y logros. Al comprometernos con la búsqueda de la excelencia en todo lo que hacemos, podemos inspirar a otros y construir un legado de impacto y grandeza que trasciende el tiempo.

Con cada página espero que encuentres inspiración y motivación para perseguir tus propios sueños y aspirar a la grandeza en todo lo que hagas. Este libro es un recordatorio de que la búsqueda de la excelencia está al alcance de todos nosotros, y que juntos podemos crear un mundo mejor y más brillante para las generaciones venideras.

Que este viaje hacia la búsqueda de la excelencia te llene de alegría, te desafíe a crecer y te inspire a convertirte en la mejor versión de ti mismo. ¡Bienvenido a un viaje que trasciende el tiempo y deja una huella indeleble en el mundo!

Que la búsqueda de la excelencia sea tu constante compañera en el viaje de la vida.

Jorge Carlos Nieto Lopez

CAPÍTULO 1

El Viaje Hacia la Excelencia:

En el vasto océano de la vida cada uno de nosotros es un navegante en constante búsqueda de un tesoro: la excelencia. Este tesoro no es una joya que se pueda encontrar en una isla remota, ni un cofre lleno de monedas de oro. La Excelencia es un estado de ser, un camino que recorremos día a día, en busca de nuestra mejor versión. En este capítulo, te invito a embarcarte en un viaje hacia la excelencia, un viaje que transformará tu vida de formas que ni siquiera puedes imaginar.

El Despertar

¿Alguna vez te has detenido a pensar en lo que significa ser excelente? No me refiero a la perfección inalcanzable que a menudo perseguimos en vano, sino a la excelencia no es un destino final, sino un camino que elegimos recorrer cada día, con cada decisión que tomamos y cada acción que emprendemos.

La Mediocridad y la Excelencia

La mediocridad es un refugio de aquellos que se conforman con lo suficiente, que se contentan con seguir la corriente y no se esfuerzan por alcanzar su verdadero potencial. La mediocridad es cómoda, segura, pero también limitante. Nos impide crecer, nos estanca en la rutina y nos aleja de nuestros sueños más grandes.

Por otro lado, la excelencia es un faro que guía nuestras vidas hacia horizontes más amplios y prometedores. La Excelencia nos desafía a superar nuestros límites, a ir más allá de lo que queríamos posible y convertirnos en la mejor versión de nosotros mismos. La Excelencia nos impulsa a buscar la calidad en todo lo que hacemos, desde las tareas más simples hasta los proyectos más ambiciosos.

El Poder de los Pequeños Pasos

Puede parecer abrumador pensar en alcanzar la excelencia, pero la verdad es que está al alcance de todos nosotros. La clave está en dar pequeños pasos cada día hacia nuestros objetivos, en comprometernos con la mejora continua y nunca perder de vista nuestro destino final.

Imagina un alpinista que se propone escalar la montaña más alta. No llegará a la cima de un solo salto, sino dando un paso tras otro, enfrentando cada desafío con determinación y perseverancia. De la misma manera, nosotros podemos alcanzar la excelencia en nuestras vidas, Avanzando poco a poco, aprendiendo de nuestros errores y celebrando nuestros logros.

El Camino Hacia la Realización Personal y Profesional:

La excelencia no se limita a un área específica de nuestras vidas; abarca todos los aspectos desde nuestra carrera profesional hasta nuestras relaciones personales, desde nuestra salud física hasta nuestra salud mental. Al buscar la excelencia, nos comprometemos a ser los mejores en todo lo que hacemos, a no conformarnos con menos de lo que merecemos y a inspirar a los demás con nuestro ejemplo.

En este viaje hacia la excelencia, encontrarás desafíos, obstáculos y momentos de duda. Pero también encontrarás satisfacción, crecimiento y una profunda sensación de realización. Te invito a recorrer este camino con valentía y determinación, sabiendo que cada paso que das te acerca un poco más hacia la excelencia que reside en tu interior.

Esto es solo el comienzo de nuestro viaje juntos. En los capítulos siguientes, exploraremos en profundidad los diferentes aspectos de la excelencia y descubriremos cómo podemos integrarla en nuestras vidas de manera significativa y transformadora.

Prepárate para un viaje de descubrimiento, crecimiento y empoderamiento. La Excelencia te espera al otro lado. ¿Estás listo para encontrarla?

CAPÍTULO 2

La Mentalidad de la Excelencia:

En el viaje hacia la excelencia, la mente juega un papel fundamental. Es el epicentro de nuestras creencias, actitudes y percepciones. En este capítulo, exploraremos la importancia de la mentalidad positiva, la resiliencia y la autodisciplina en la búsqueda de la excelencia. Te invito a sumergirte en el poder transformador de una mentalidad enfocada en el crecimiento y a descubrir cómo superar los obstáculos que se interponen en nuestro camino hacia la realización personal y profesional.

La Mentalidad Positiva

La mentalidad positiva es el motor que impulsa nuestro viaje hacia la excelencia. Nos permite ver oportunidades en lugar de obstáculos, aprender de nuestros errores en lugar de desanimarnos y mantenernos enfocados en nuestros objetivos a pesar de los desafíos que enfrentamos.

Cuando adoptamos una mentalidad positiva cultivamos una actitud de gratitud y optimismo hacia la vida. Reconocemos que cada experiencia, ya sea positiva o negativa, nos brinda la oportunidad de crecer y aprender. En lugar de lamentarnos por lo que no tenemos nos concentramos en aprovechar al máximo lo que sí tenemos y en visualizar un futuro lleno de posibilidades.

La Resiliencia:

La resiliencia es la capacidad de recuperarnos frente a la adversidad, de sobreponernos a los desafíos y de salir fortalecidos de las experiencias difíciles. En el camino hacia la excelencia, la resiliencia es un aliado indispensable que nos permite enfrentar los contratiempos con coraje y determinación.

La resiliencia no significa evitar el dolor o la incomodidad, sino aprender a tolerarnos y trascenderlos. Nos enseña a adaptarnos a las circunstancias cambiantes, a encontrar soluciones creativas a nuestros problemas y a mantenernos firmes en nuestra búsqueda de la excelencia, incluso cuando todo parece estar en contra nuestra.

La Autodisciplina

La autodisciplina es la piedra angular sobre la cual se construye la excelencia. Es la capacidad de controlar nuestros impulsos, mantenernos enfocados en nuestros objetivos y trabajar diligentemente hacia su consecución, incluso cuando la tentación de rendirnos es abrumadora.

La autodisciplina requiere sacrificio y compromiso, pero los beneficios que trae consigo son invaluables, Nos permite establecer hábitos saludables gestionar nuestro tiempo de manera eficiente y mantenernos firmes en nuestro propósito, incluso cuando la tentación de desviarnos del camino es grande.

Cultivando una Mentalidad de Crecimiento:

Una mentalidad de crecimiento es aquella que ve el fracaso como una oportunidad de aprendizaje, el esfuerzo como el camino hacia el éxito y los desafíos como trampolines hacia el crecimiento personal y profesional. En lugar de creer que nuestras habilidades y talentos son fijos, una mentalidad de crecimiento nos anima a querer en nuestro potencial ilimitado y a esforzarnos por alcanzar nuevas alturas.

Para cultivar una mentalidad de crecimiento, es importante estar abierto al cambio, aprender de nuestras experiencias y rodearnos de personas que nos inspiren a ser mejores. Debemos desafiar nuestras creencias limitantes, enfrentar nuestros miedos con valentía y estar dispuestos a salir de nuestra zona de confort en busca de nuevas oportunidades de crecimiento.

Superando los Obstáculos en el Camino:

En nuestro viaje hacia la excelencia, inevitablemente encontramos obstáculos que pondrán a prueba nuestra determinación y nuestra voluntad de seguir adelante. Ya sea la falta de recursos, la oposición de otros o nuestras propias dudas y temores, estos obstáculos pueden parecer insuperables en un momento dado.

Sin embargo, es importante recordar que cada obstáculo es una oportunidad disfrazada. Nos desafía encontrar nuevas formas de abordar los problemas, a desarrollar nuestra creatividad y a descubrir nuestras fortalezas ocultas. Al enfrentar los obstáculos con resiliencia y autodisciplina, demostramos nuestra capacidad de superar cualquier desafío que se nos presente en el camino hacia la Excelencia.

En este capítulo, hemos explorado la importancia de la mentalidad positiva, la resiliencia y la autodisciplina en la búsqueda de la excelencia. Te invito a reflexionar sobre cómo puedes cultivar estas cualidades en tu propia vida y a comprometerte a superar los obstáculos que se interponen en tu camino hacia la realización personal y profesional. Recuerda que el viaje hacia la Excelencia es un viaje de autodescubrimiento y crecimiento continuo. Estás en el camino correcto. ¡Sigue adelante con determinación y confianza!

CAPÍTULO 3

Excelencia en el Trabajo: Más Allá del Éxito Empresarial:

El lugar de trabajo es más que una simple ubicación donde pasamos la mayor parte de nuestro tiempo. Es un escenario donde se desarrolla gran parte de nuestra vida adulta, donde invertimos nuestra energía, talento y dedicación en la búsqueda de la excelencia. En este capítulo, exploraremos cómo la excelencia en el ámbito laboral no solo beneficia a la empresa, sino también al individuo. Destacaremos la importancia de la ética laboral, el compromiso y la pasión por lo que hacemos, y cómo estos valores fundamentales no sólo impulsan el éxito profesional, sino también el crecimiento personal y la satisfacción en el trabajo.

Excelencia: Más Allá del Éxito Empresarial

La excelencia en el trabajo va más allá de cumplir con las expectativas de la empresa o alcanzar los objetivos financieros. Se trata de comprometerse con la calidad en cada tarea que realizamos, de buscar constantemente formas de mejorar y de contribuir de manera significativa al éxito general de la organización.

Cuando nos esforzamos por alcanzar la excelencia en nuestro trabajo, no solo demostramos nuestro compromiso con la empresa, sino también con nuestro propio crecimiento y desarrollo profesional. Nos convertimos en colaboradores valiosos y confiables, capaces de enfrentar cualquier desafío con determinación y creatividad.

La Importancia de la Ética Laboral

La ética laboral es el fundamento sobre el cual se construye la excelencia en el trabajo, implica actuar con integridad, honestidad y responsabilidad en todas nuestras interacciones laborales, desde la forma en que tratamos a nuestros colegas hasta cómo manejamos nuestras responsabilidades y recursos.

Cuando actuamos con ética en el trabajo, ganamos la confianza y el respeto de nuestros compañeros y superiores. Nos convertimos en modelos a seguir para los demás y contribuimos a crear un entorno laboral positivo y productivo donde todos pueden prosperar.

El Compromiso: Motor de la Excelencia

El compromiso es el motor que impulsa nuestra búsqueda de la excelencia en el trabajo. Nos impulsa a dar lo mejor de nosotros mismos en cada tarea que realizamos, a superar los obstáculos con determinación y a mantenernos enfocados en nuestros objetivos a pesar de las distracciones y contratiempos.

Cuando estamos comprometidos con nuestro trabajo, nos sentimos más motivados y satisfechos con lo que hacemos. Nos comprometemos a cumplir con nuestra responsabilidades, a buscar constantemente formas de mejorar y a contribuir de manera significativa al éxito de la empresa.

La Pasión por lo que Hacemos

La pasión por lo que hacemos es el ingrediente secreto que eleva nuestra búsqueda de la excelencia a nuevas alturas. Cuando amamos lo que hacemos, no se siente como un trabajo, sino como una oportunidad para expresar nuestra creatividad, desarrollar nuestras habilidades y hacer una diferencia en el mundo.

La pasión nos impulsa a ir más allá de lo esperado, a buscar nuevas formas de innovar y a inspirar a los demás con nuestro entusiasmo y dedicación. Nos ayuda a superar los momentos difíciles y a mantenernos enfocados en nuestros objetivos incluso cuando las cosas se ponen difíciles.

Conclusiones

En este capítulo, hemos explorado cómo la excelencia en el ámbito laboral beneficia tanto a la empresa como al individuo. Hemos destacado la importancia de la ética laboral, el compromiso y la pasión por lo que hacemos, y cómo estos valores fundamentales son clave para alcanzar el éxito profesional y personal.

Te invito a relacionarte sobre tu propia experiencia laboral y a considerar cómo puedes aplicar estos principios en tu vida diaria. Recuerda, la excelencia no es un destino final, sino un viaje continuo de aprendizaje y crecimiento. Estás en el camino correcto. ¡Sigue adelante con determinación y pasión, y alcanzarás nuevas alturas en tu carrera y en tu vida!

CAPÍTULO 4

Excelencia en las Relaciones Humanas: El Arte de Conectar con Otros:

En la búsqueda de la excelencia, las relaciones humanas desempeñan un papel fundamental. Nuestras conexiones con los demás no solo enriquecen nuestras vidas, sino que también influyen en nuestro bienestar emocional y nuestro éxito en la vida. En este capítulo, exploraremos cómo cultivar relaciones sólidas y significativas basadas en la empatía, la comunicación efectiva y el respeto mutuo, y cómo estas relaciones positivas nos impulsan hacia la excelencia en todos los aspectos de nuestras vidas.

Cultivando Relaciones Sólidas

Las relaciones sólidas se construyen sobre cimientos de confianza, honestidad y apoyo mutuo. Requieren tiempo, esfuerzo y dedicación para nutrirse y crecer, pero los beneficios que aportan son invaluables. Cuando cultivamos relaciones sólidas creamos un entorno de seguridad y conexión donde podemos ser nosotros mismos sin miedo al juicio o la crítica.

Para cultivar relaciones sólidas, es importante practicar la empatía, escuchar activamente y mostrar interés genuino en los demás. Debemos estar dispuestos a comprometernos, a resolver conflictos de manera constructiva y a brindar apoyo incondicional a aquellos que nos rodean.

La Importancia de la Empatía

La empatía es la capacidad de ponernos en el lugar de la otra persona, de comprender y compartir sus sentimientos, pensamientos y experiencias. Es la base sobre la cual se construyen relaciones saludables y significativas, ya que nos permite conectarnos a un nivel más profundo y comprender las necesidades y preocupaciones de los demás.

Cuando practicamos la empatía, mostramos compasión, comprensión y respeto hacia los demás. Nos esforzamos por entender sus puntos de vista, incluso si no estamos de acuerdo con ellos, y buscamos soluciones que beneficien a ambas partes. La empatía nos ayuda a fortalecer nuestros lazos con los demás y a construir relaciones basadas en la confianza y el respeto mutuo.

Comunicación Efectiva: El Puente Hacia la Excelencia

La comunicación efectiva es fundamental para el éxito de cualquier relación. Nos permite expresar nuestras ideas, pensamientos y sentimientos de manera clara y precisa, y nos ayuda a entender y responder adecuadamente a las comunicaciones de los demás. Cuando dominamos el arte de la comunicación efectiva, abrimos las puertas a una mayor comprensión, colaboración y conexión con los demás.

Para comunicarnos de manera efectiva, es importante escuchar activamente, expresar nuestras ideas de manera clara y concisa, y ser receptivos a los comentarios y sugerencias de los demás.

Debemos ser conscientes de nuestro lenguaje corporal y nuestras expresiones faciales, ya que a menudo comunican más que nuestras palabras.

Como las Relaciones Positivas Contribuyen a Nuestro Bienestar y Éxito:

Las relaciones positivas no solo enriquecen nuestras vidas, sino que también contribuyen significativamente a nuestro bienestar emocional y nuestro éxito en la vida. Cuando tenemos relaciones sólidas y significativas, nos sentimos más apoyados, valorados y conectados con los demás. Esto reduce el estrés, la ansiedad y la depresión, y promueve un mayor sentido de felicidad y satisfacción en general.

Además, las relaciones positivas nos brindan un sólido sistema de apoyo que nos ayuda a superar los desafíos y obstáculos que encontramos en nuestro camino hacia la excelencia. Nos brindan consejos, orientación y aliento cuando más lo necesitamos, y nos ayudan a mantenernos enfocados en nuestros objetivos a pesar de las dificultades.

Conclusiones:

En este capítulo, hemos explorado cómo cultivar relaciones sólidas y significativas basadas en la empatía, la comunicación efectiva y el respeto mutuo, y cómo estas relaciones positivas contribuyen a nuestro bienestar emocional y nuestro éxito en la vida. Te invito a reflexionar sobre tus propias relaciones y a considerar cómo puedes fortalecerlas y enriquecerlas para impulsarte hacia la excelencia en todos los aspectos de tu vida. Recuerda que las conexiones humanas son el corazón y el alma de nuestra existencia. ¡Cuida tus relaciones y cosecharás los frutos de la excelencia y la realización personal!

CAPÍTULO 5

La Excelencia Como un Camino de Vida: El Arte de Vivir con Proposito y Pasion:

La búsqueda de la excelencia no es simplemente un destino al que llegar, sino un viaje continuo que abarca todas las áreas de nuestras vidas. En este capítulo, reflexionaremos sobre cómo la excelencia se convierte en un camino de vida, y cómo comprometernos con la mejora continua puede enriquecer no solo nuestra carrera profesional, sino también nuestra vida personal. Ánimo a los lectores a abrazar este viaje con determinación, viviendo cada día con propósito y pasión.

La Excelencia: Un Camino Sin Fin:

La Excelencia no tiene un punto final definido; es un viaje interminable de autodescubrimiento, crecimiento y mejora continua. Cada paso que damos en este camino nos acerca un poco más a nuestra mejor versión, pero nunca llegamos realmente al final. Siempre hay nuevas alturas por alcanzar, nuevos desafíos por superar y nuevas oportunidades de crecimiento por explorar.

Al entender que la excelencia es un camino sin fin, liberamos nuestra mente de la presión de alcanzar la perfección y nos permitimos disfrutar del proceso de crecimiento y aprendizaje. Cada error, cada fracaso, cada desafío se convierte en una oportunidad para aprender y crecer, en lugar de una barrera insuperable.

Compromiso con la Mejora Continua:

El verdadero secreto de la excelencia radica en nuestro compromiso con la mejora continua. Este compromiso implica estar siempre en busca de nuevas formas de crecer y evolucionar, tanto en nuestra carrera profesional como en nuestra vida personal. Significa desafiarnos a nosotros mismos constantemente, salir de nuestra zona de confort y perseguir nuestros sueños con determinación y perseverancia.

Cuando nos comprometemos con la mejora continua, nos negamos a conformarnos con la mediocridad y nos esforzamos por alcanzar nuevos niveles de excelencia en todo lo que hacemos. Nos convertimos en estudiantes de la vida, siempre abiertos a aprender de nuestras experiencias y aprovechar cada oportunidad para crecer y mejorar.

Vivir con Proposito y Pasion:

La excelencia solo se puede alcanzar cuando vivimos con propósito y pasión. Cuando sabemos lo que queremos en la vida y nos comprometemos a perseguirlo con todo nuestro ser, encontramos un sentido más profundo de significado y realización. Nos sentimos inspirados y motivados a levantarnos cada día y entender los desafíos con valentía y determinación.

Vivir con propósito significa alinear nuestras acciones con nuestros valores y objetivos más profundos, y dedicar nuestra energía a lo que realmente importa. Significa comprometernos a contribuir de manera significativa al mundo que nos rodea y a dejar un legado duradero que trascienda nuestras propias vidas.

Conclusiones:

En este capítulo, hemos reflexionado sobre cómo la búsqueda constante de la excelencia no es un destino, sino un viaje continuo que abarca todas las áreas de nuestras vidas. Hemos explorado el papel del compromiso con la mejora continua en este viaje, así como la importancia de vivir con propósito y pasión ánimo a los lectores a comprometerse con este viaje de autodescubrimiento y crecimiento, a vivir cada día con propósito y pasión, y a nunca dejar de buscar nuevas formas de alcanzar la excelencia en todo lo que hacen. Recuerda que la excelencia no es un destino final, sino un camino de vida. ¡Que cada paso que des en este camino te acerque un poco más a la realización de tu máximo potencial!

"El Gran Libro de la Excelencia"

CAPÍTULO 6

Los Pilares de la Excelencia:

La Excelencia es un edificio imponente, una estructura sólida y duradera que se erige sobre los pilares de la integridad, la perseverancia, la humildad y la empatía. Aquí exploraremos estos fundamentos que sustentan la excelencia y analizaremos cómo pueden guiar nuestras acciones y decisiones en la búsqueda incansable de la excelencia personal y profesional. Prepárate para sumergirte en estos pilares que no solo son la base de la excelencia, sino también la esencia misma de una vida plena y significativa.

La Integridad: La Roca Sólida en la Fundación de la Excelencia:

La integridad es el primer pilar que sostiene la excelencia. Representa la congruencia entre nuestras palabras, acciones y valores más profundos. Cuando actuamos con integridad, somos honestos, éticos y transparentes en todas nuestras interacciones y decisiones. Nos comprometemos a hacer lo correcto incluso cuando nadie está mirando, y a enfrentar las consecuencias de nuestras acciones con valentía y responsabilidad.

La integridad nos brinda una base sólida entre la cual construir nuestras vidas y carreras. Nos gana la confianza y el respeto de los demás y nos permite enfrentar los desafíos con confianza y determinación. Cuando actuamos con integridad, podemos estar seguros de que estamos caminando por el camino correcto hacia la excelencia.

La Perseverancia: La Fuerza que Nos Impulsa Hacia Delante:

La perseverancia es el segundo pilar que sostiene la excelencia. Representa la capacidad de seguir adelante a pesar de los obstáculos y desafíos que encontramos en el camino. Cuando perseveramos demostramos nuestra determinación y compromiso con nuestros objetivos, incluso cuando las circunstancias parecen estar en nuestra contra.

La perseverancia nos lleva a superar los fracasos y rechazos, a aprender de nuestras experiencias y a seguir adelante con renovada determinación y fuerza. Nos enseña que el camino hacia la excelencia no siempre será fácil, pero que cada obstáculo que superemos nos acercará un poco más a nuestros sueños y metas.

La Humildad: La Virtud que Nos Mantiene en el Camino Correcto:

La humildad es el tercer pilar que sostiene la excelencia. Representa la capacidad de reconocer nuestras fortalezas y debilidades, y de aprender de los demás con humildad y apertura. Cuando somos humildes, reconocemos que siempre hay algo nuevo que aprender y que siempre hay espacio para crecer y mejorar.

La humildad nos mantiene enraizados en la realidad y nos impide caer en la trampa del ego y la arrogancia. Nos ayuda a mantener una actitud de aprendizaje y crecimiento constante, y a valorar las contribuciones de los demás en nuestro viaje hacia la excelencia. Cuando practicamos la humildad, nos convertimos en líderes más efectivos, colaboradores más valiosos y seres humanos más compasivos y comprensivos.

La Empatía: El Puente que Nos Conecta con los Demás:

La empatía es el cuarto y último pilar que sostiene la excelencia. Representa la capacidad de comprender y compartir los sentimientos y experiencias de los demás, y de responder con pasión y comprensión. Cuando somos empáticos nos conectamos más profundamente con los demás y construimos relaciones más sólidas y significativas.

La empatía nos permite ver el mundo a través de los ojos de los demás y entender sus puntos de vista y preocupaciones. Nos ayuda a comunicarnos de maneras más efectivas, resolver conflictos de manera constructiva y crear un entorno de trabajo y vida más inclusivo y compasivo. Cuando practicamos la empatía, cultivamos relaciones más fuertes y satisfactorias, y nos convertimos en mejores amigos, colegas y seres humanos en general.

Conclusiones:

En este capítulo, hemos explorado los pilares de la excelencia: la integridad, la perseverancia, la humildad y la empatía. Hemos reflexionado sobre cómo estos valores fundamentales pueden guiar nuestras acciones y decisiones en la búsqueda incansable de la excelencia personal y profesional. Te invito a integrar estos pilares en tu vida diaria, a abrazarlos como guías en tu viaje hacia la excelencia, y a inspirar a los demás a hacer lo mismo. Recuerda la excelencia no es un destino final, sino un camino de autodescubrimiento, crecimiento y mejora continua. ¡Que estos pilares te sirvan como faros que te guíen hacia una vida de significado, realización y excelencia!

CAPÍTULO 7

La Excelencia en la Era Digital: Navegando las Aguas del Cambio Tecnológico:

En la era digital, nuestras vidas y carreras están inexplicablemente entrelazadas con la tecnología. Desde la forma en que nos comunicamos hasta cómo realizamos nuestro trabajo. La tecnología ha transformado radicalmente la manera en que buscamos la excelencia en todos los aspectos de nuestras vidas. En este capítulo examinaremos cómo la tecnología está remodelando nuestro enfoque hacia la excelencia, destacando las oportunidades y desafíos que presenta la era digital, y explorando cómo podemos aprovecharla para alcanzar nuevos niveles de excelencia personal y profesional.

La Transformación Digital: Un Nuevo Paradigma de Excelencia:

La transformación digital ha revolucionado la forma en que hacemos negocios, nos educamos y nos relacionamos con los demás. Nos ha brindado acceso a una cantidad sin precedentes de información y recursos, así como la capacidad de conectarnos instantáneamente con personas de todo el mundo. Esta transformación ha abierto nuevas puertas hacia la excelencia, y permitiéndonos mejorar la eficiencia, la productividad y la innovación en todos los aspectos de nuestras vidas y carreras.

Oportunidades en al Era Digital

La era digital ha generado innumerables oportunidades para aquellos que están dispuestos a abrazar el cambio y adaptarse a las nuevas tecnologías. Desde la posibilidad de aprender nuevas habilidades en línea a la capacidad de trabajar de forma remota desde cualquier parte del mundo, la tecnología ha democratizado el acceso al conocimiento y ya nivelado el campo de juego para aquellos que buscan alcanzar la excelencia en sus vidas y carreras.

Además, la tecnología ha facilitado la colaboración y el intercambio de ideas a través de plataformas en línea, lo que nos permite conectarnos con personas de diversas culturas y perspectivas y enriquecer nuestra comprensión del mundo que nos rodea. Esto nos brinda la oportunidad de aprender de los demás y expandir nuestros horizontes de una manera que nunca antes había sido posible.

Desafíos en la Era Digital

Sin embargo, la era digital también presenta una serie de desafíos que debemos enfrentar en nuestra búsqueda de la excelencia. Desde la sobrecarga de información hasta la amenaza de desconexión humana, la tecnología puede ser tanto una bendición como una maldición en nuestro camino hacia la excelencia. Nos enfrentamos al desafío de discernir entre información útil y ruido digital, y de encontrar un equilibrio saludable entre el uso productivo de la tecnología y el tiempo dedicado a actividades significativas y relaciones humanas significativas.

Además, la era digital plantea preocupaciones sobre la privacidad y la seguridad en línea, así como el impacto de la automatización en el empleo y la economía en general. Estos desafíos requieren una cuidadosa consideración y planificación a medida que avanzamos hacia un futuro cada vez más digitalizado.

Aprovechando la Era Digital para Alcanzar la Excelencia:

A pesar de los desafíos que presenta, la era digital ofrece innumerables oportunidades para aquellos que están dispuestos a adaptarse y aprovechar al máximo las nuevas tecnologías. Para alcanzar nuevos niveles de excelencia en la era digital, es fundamental desarrollar habilidades digitales y sólidas, como la alfabetización digital, la capacidad de aprendizaje en línea y la habilidad para adaptarse rápidamente a los cambios tecnológicos.

Además, debemos ser proactivos en el uso de las tecnologías para mejorar nuestra productividad, colaboración y creatividad. Esto puede incluir el uso de herramientas de gestión del tiempo y proyectos, plataformas de aprendizaje en línea y redes profesionales, así como la exploración de nuevas formas de trabajar de forma remota y colaborar con colegas de todo el mundo.

Conclusiones:

En este capítulo, hemos explorado como la fenología está transformando la forma en que buscamos la excelencia en nuestras vidas y carreras. Hemos destacado las oportunidades y desafíos que presenta la era digital, y hemos explorado cómo podemos aprovecharla para alcanzar los niveles de excelencia personal y profesional. Te invito a abrazar el cambio tecnológico mente abierta y a utilizarlo como una herramienta poderosa en tu viaje hacia la excelencia. Recuerda que la tecnología es solo una herramienta, depende de nosotros cómo la usemos para enriquecer nuestras vidas y alcanzar nuestros objetivos más elevados. ¡Que la era digital sea un aliado en tu búsqueda de excelencia y la realización personal!

CAPÍTULO 8

Excelencia y Liderazgo: Guiando el Camino hacia la Grandeza:

En la búsqueda de la excelencia, el liderazgo desempeña un papel fundamental. Los líderes excelentes no solo son capaces de alcanzar la excelencia en sus propias vidas y carreras, sino que también tienen el poder de inspirar y motivar a otros a alcanzar su máximo potencial. En este capítulo, analizaremos las cualidades de un líder excelente y exploraremos cómo estas cualidades pueden impulsar a individuos y equipos hacia la grandeza. Además, examinaremos la importancia del liderazgo ético, incluso orientado hacia el bien común, y cómo estos enfoques son esenciales para crear un mundo mejor y más próspero para todos.

Las Cualidades de un Líder Excelente:

Un líder excelente posee una serie de cualidades que lo distinguen y lo capacitan para guiar a otros hacia la excelencia. Estas cualidades incluyen:

1.- Visión y Claridad: Un líder excelente tiene una visión clara del futuro y es capaz de comunicar esta visión de manera convincente a otros inspira a otros. Inspira a otros con su pasión y determinación, y los motiva a trabajar juntos para alcanzar objetivos comunes.

2.- Integridad y Ética: La integridad es fundamental para el liderazgo excelente. Un líder ético actúa con honestidad, transparencia y respeto hacia los demás. Su comportamiento es un ejemplo a seguir para otros y genera confianza y respeto en su equipo.

3.- Empatía y Compasión: Un líder excelente se preocupa por el bienestar de su equipo y demuestra empatía y compasión hacia los demás. Escucha activamente sus preocupaciones y necesidades, y los apoya en su crecimiento y desarrollo personal y profesional.

4.- Innovación y Creatividad: Un líder excelente fomenta la innovación y la creatividad en su equipo, alienta a los miembros a pensar de manera original y a buscar nuevas soluciones a los desafíos. Está abierto a nuevas ideas y perspectivas y promueve un ambiente de trabajo colaborativo y estimulante.

5.- **Resiliencia y Determinación:** Un líder excelente es resiliente ante la adversidad y demuestra determinación y perseverancia en la consecución de sus objetivos. Se adapta rápidamente a los cambios y desafíos, y mantiene un enfoque positivo y proactivo incluso en tiempos difíciles.

La Importancia del Liderazgo Ético e Inclusivo:

El liderazgo ético inclusivo es esencial para crear un entorno de trabajo y una sociedad donde todos puedan alcanzar su máximo potencial. Un líder ético toma decisiones basadas en principios morales y valores, y actúa con justicia y equidad en todas sus interacciones. Promueve la diversidad y la inclusión en su equipo, reconociendo y valorando las diferencias individuales y fomentando un sentido de pertenencia y aceptación entre todos los miembros.

Además, un líder orientado hacia el bien común se preocupa por el impacto de sus acciones en la comunidad y en el mundo en general. Busca soluciones que beneficien a todos no solo a unos pocos, y trabaja para construir un futuro más justo, sostenible y próspero para todos, inspirando a otros a seguir su ejemplo, un líder orientado hacia el bien común puede catalizar un cambio positivo a gran escala y dejar un legado perdurable de excelencia y servicio a los demás.

Conclusiones:

En este capítulo, hemos explorado la relación entre la excelencia y liderazgo, destacando las cualidades de un líder excelente y cómo estas cualidades pueden inspirar y motivar a otros alcanzar su máximo potencial. Además hemos examinado la importancia del liderazgo ético, inclusivo y orientado hacia el bien común en la creación de un mundo mejor y más próspero para todos. Te invito a reflexionar sobre tu propio liderazgo y a considerar cómo puedes cultivar esas cualidades en ti mismo para convertirte en un líder excepcional y hacer una diferencia positiva en tu comunidad y en el mundo en general. ¡Que la excelencia y el liderazgo vayan de la mano en tu viaje hacia la grandeza y la realización personal y profesional!

CAPÍTULO 9

La Búsqueda de la Excelencia en Tiempos de Adversidad:

En los momentos de adversidad es donde verdaderamente se pone a prueba nuestro compromiso con la excelencia. En este capítulo, exploraremos cómo enfrentar los desafíos y las dificultades con resiliencia y determinación puede fortalecer nuestro carácter y conducirnos hacia la excelencia. Además analizaremos ejemplos inspiradores de personas que han superado grandes obstáculos en su camino hacia el éxito, demostrando que la adversidad puede ser una oportunidad para el crecimiento y la transformación.

La Resiliencia: El Pilar de la Fortaleza Interior:

La resiliencia es la capacidad de enfrentar la adversidad, recuperarse de los desafíos y salir más fuerte y más sabio del otro lado. Cuando nos enfrentamos a tiempos difíciles, la resiliencia nos permite mantenernos firmes ante la adversidad, adaptarnos a las circunstancias cambiantes y encontrar nuevas formas de seguir adelante. Nos enseña a ver los desafíos como oportunidades de crecimiento y a mantener una actitud positiva y proactiva incluso en las situaciones más difíciles.

La resiliencia no es algo con lo que nacemos sino una habilidad que podemos desarrollar y fortalecer a lo largo del tiempo. Practicar la aceptación, cultivar una mentalidad positiva y construir una red de apoyo sólida son algunas de las formas en que podemos aumentar nuestra resiliencia y enfrentar los desafíos con mayor confianza y determinación.

La Determinación: El Impulso que Nos Lleva Hacia la Excelencia:

La determinación es la fuerza interna que nos impulsa a perseguir nuestros objetivos con pasión y perseverancia, incluso cuando enfrentamos obstáculos aparentemente insuperables. Cuando estamos decididos a alcanzar la excelencia, nos negamos a rendirnos ante la adversidad y persistimos en nuestra búsqueda a pesar de los contratiempos y las dificultades.

La determinación nos ayuda a mantenernos enfocados en nuestros objetivos, a superar los obstáculos con valentía y a mantenernos firmes en nuestras convicciones de que podamos superar cualquier desafío que se nos presente en el camino hacia la excelencia. Nos impulsa a seguir adelante incluso cuando todo parece estar en contra nuestra, y nos recuerda que el camino hacia el éxito rara vez es fácil, pero siempre vale la pena recorrerlo.

Ejemplos Inspiradores de Superación:

Numerosas personas a lo largo de la historia han demostrado una increíble resiliencia y determinación a enfrentar grandes desafíos en su camino hacia el éxito. Desde figuras históricas hasta personas comunes y corrientes, estas historias de superación nos inspiran y nos motivan a preservar nuestros propios desafíos.

Un ejemplo inspirador es el de Helen Keller, quien a pesar de ser sorda, ciega y muda desde una edad temprana, superó sus discapacidades para convertirse en una destacada autora, activista y oradora. Su determinación inquebrantable y su compromiso con la excelencia la llevaron a superar todas las expectativas y a dejar un legado perdurable de inspiración para millones de personas en todo el mundo.

Otro ejemplo es el de Nelson Mandela quien pasó 27 años en prisión por su lucha contra el apartheid en Sudáfrica. A pesar de las dificultades y el sufrimiento, Mandela mantuvo su determinación y su visión de un mundo más justo y equitativo. Su capacidad para perdonar a sus opresores y su compromiso con la reconciliación lo convirtieron en un símbolo de esperanza y cambio para su país y el mundo entero.

Conclusiones:

En este capítulo, hemos explorado cómo enfrentar los desafíos y las dificultades con resiliencia y determinación puede fortalecer nuestro carácter y conducir hacia la excelencia. Hemos analizado ejemplos inspiradores de personas que han superado grandes obstáculos en su camino hacia el éxito, demostrando que la adversidad puede ser una oportunidad para el crecimiento y la transformación. Te invito a reflexionar sobre tus propias experiencias de adversidad y a considerar cómo puedes usarlas como oportunidades para crecer y alcanzar nuevos niveles de excelencia en tu vida personal y profesional. Recuerda que en los momentos más oscuros es donde encontramos nuestra verdadera fuerza y determinación. ¡Que la adversidad sea tu trampolín hacia la grandeza y la realización personal!

CAPÍTULO 10

La Excelencia como Legado:

En el viaje hacia la excelencia, llegamos a un punto crucial: ¿Qué legado queremos dejar atrás? Este capítulo final nos invita a reflexionar sobre cómo podemos dejar un legado duradero a través de nuestras acciones y logros. Más allá de los éxitos individuales, la excelencia se convierte en un legado cuando inspira a otros, trasciende el tiempo y deja una marca perdurable en el mundo. En estas páginas finales, animo a los lectores a pensar en el impacto que desean tener en el mundo y a comprometerse con la excelencia en todo lo que hagan.

El Legado de la Excelencia:

El legado de la excelencia no se mide en términos de riqueza material o reconocimiento público, sino en la forma en que tocamos las vidas de los demás y cómo influimos en el mundo que nos rodea. Es el impacto que dejamos en las personas que nos rodean, las comunidades en las que vivimos y las generaciones futuras que heredarán nuestro mundo.

Un legado de excelencia se construye día a día, a través de nuestras acciones cotidianas y nuestras interacciones con los demás. Se trata de ser una fuerza positiva en el mundo, de inspirar a otros a alcanzar su máximo potencial y de trabajar por un futuro mejor para todos.

El Poder de la Inspiración:

La excelencia inspira. Cuando perseguimos la excelencia en todo lo que hacemos, demostramos a los demás lo que es posible. Inspiramos a otros a soñar en grande, a superar los obstáculos y alcanzar sus metas más audaces. Nuestro ejemplo, puede encender una chispa en el corazón de alguien más, impulsándonos a seguir adelante incluso cuando el camino parece oscuro.

Piensa en aquellos que te han inspirado en tu propia vida. ¿Qué es lo que los hace especiales? ¿Cómo te han animado a alcanzar nuevas alturas y a superar tus propios límites? Ahora imagina ser esa fuente de inspiración para los demás. Imagina el impacto que podrías tener si te comprometieras con la excelencia en todo lo que haces.

Compromiso con la Excelencia

Dejar un legado de excelencia requiere un compromiso profundo constante con la mejora continua. Significa estar dispuesto a enfrentar los desafíos con valentía y determinación, a preservar incluso cuando las cosas se pongan difíciles, y a mantener siempre la vista puesta en el objetivo final.

Comprometerse con la excelencia significa hacer lo mejor que podamos en cada situación, buscando constantemente formas de crecer, aprender y mejorar. Significa estar dispuesto a salir de nuestra zona de confort, a tomar riesgos y a desafiarnos a nosotros mismos a ser mejores cada día.

Conclusión:

En estas últimas páginas, hemos reflexionado sobre el poder de la excelencia para dejar un legado duradero en el mundo. Hemos explorado cómo la excelencia inspira a otros, cómo construir un futuro mejor y cómo transforma nuestras vidas y las vidas de quienes nos rodean.

Ahora te invito a reflexionar sobre el legado que deseas dejar atrás. ¿Cómo quieres ser recordado? ¿Qué impacto deseas tener en el mundo? Y lo más importante, ¿Qué estás dispuesto a hacer para convertir ese sueño en realidad?

Recuerda, la excelencia no es un destino final, sino un viaje continuo de autodescubrimiento, crecimiento y mejora. En cada paso de este viaje, tienes la oportunidad de dejar una huella perdurable en el mundo. ¿Estás listo para abrazar el desafío y comprometerte con la excelencia en todo lo que hagas?

Que este libro sea el comienzo de tu propio viaje hacia la excelencia, y que tu legado sea uno de inspiración, impacto y grandeza. ¡El mundo espera tu brillantes!

EPÍLOGO

En este viaje que emprendimos juntos en busca de la excelencia, hemos recorrido caminos sinuosos y desafiantes, escalando montañas de dificultades y navegando por mares de incertidumbre. Pero a lo largo de este viaje, hemos descubierto que la excelencia no es simplemente un destino al que llegar, sino un camino continuo de autodescubrimiento, crecimiento y mejora.

Desde el primer paso en "El viaje hacia la Excelencia", hemos aprendido que cada pequeño paso hacia la mejora continua nos acerca un poco más a la realización personal y profesional. Con "La mentalidad de la Excelencia" hemos explorado cómo cultivar una mentalidad de crecimiento y superar los obstáculos que se presentan en el camino.

En "Excelencia en el Trabajo" hemos comprendido que la ética laboral, el compromiso y la pasión por lo que hacemos son fundamentales para alcanzar la Excelencia en nuestras carreras. Mientras que en "Excelencia en las Relaciones Humanas", hemos descubierto cómo cultivar relaciones sólidas y significativas basadas en la empatía, la comunicación efectiva y el respeto mutuo.

"La Excelencia como un Camino de Vida" nos ha recordado que la búsqueda constante de la excelencia no es un destino, sino un viaje continuo. Y en "Los Pilares de la Excelencia", hemos encontrado fundamentos sólidos sobre los cuales construir nuestro camino hacia la grandeza.

Con la llegada de "La Excelencia en la Era Digital", hemos entendido como la tecnología está transformando la forma en que buscamos la excelencia en nuestras vidas y carreras. Y en "Excelencia y Liderazgo", hemos explorado las cualidades de un líder excelente y cómo pueden inspirar y motivar a otros alcanzar su máximo potencial.

Incluso en los momentos más difíciles, en "La Búsqueda de la Excelencia en Tiempos de Adversidad", hemos descubierto que enfrentar los desafíos con resiliencia y determinación puede fortalecer nuestro carácter y conducirnos hacia la excelencia. Y finalmente, en "La Excelencia como Legado", hemos reflexionado sobre cómo podemos dejar un legado duradero a través de nuestras acciones y logros.

Ahora al llegar al final de este viaje, te invito a mirar hacia atrás y reflexionar sobre todo lo que has aprendido y experimentado. Que cada capítulo de este libro sea una semilla plantada en tu mente y corazón, listo para florecer y guiarte en tu búsqueda de la excelencia.

Que las lecciones que has aprendido aquí te inspiren a alcanzar nuevas alturas, a superar tus propios límites y a vivir en una vida de significado y propósito. Que te recuerden que la excelencia no es un destino final, sino un camino que debemos recorrer con determinación y pasión.

Y así, te deseo todo lo mejor en tu propio viaje hacia la excelencia. Que cada paso que des te acerque un poco más a tus sueños y aspiraciones más elevadas. Que encuentres la fuerza y el coraje para perseverar incluso en los momentos más difíciles. Y que tu vida sea un testimonio viviente de la grandeza que yace dentro de ti.

Porque al final del día la excelencia no es solo algo que buscamos fuera de nosotros mismos, sino algo que reside profundamente en nuestro interior. Es la luz que brilla en la oscuridad, la fuerza que nos impulsa hacia adelante y la inspiración que nos guía en nuestro viaje hacia la grandeza.

Que esta búsqueda de la Excelencia sea tu constante compañera, tu guía y tu Inspiración en el viaje de la vida.
¡Adelante, buscador de la excelencia, el mundo espera tu brillantez!

Reflexión: Cómo elevar tu Autoestima

Reflexión: Los Mejores consejos para ti

Reflexión: Cómo mantener la calma y ser positivo

Made in the USA
Columbia, SC
06 October 2024